1 2 3 4 5

© 2023 Disney

© 2023 Ravensburger Verlag GmbH
Postfach 2460, 88194 Ravensburg

Text: Annette Neubauer
Umschlaggestaltung: Stefanie Hahn, Produktmacherei
Satz und Layout: Kirsten Küsters, PrePressPro

Printed in Germany
ISBN 978-3-473-49755-3
ravensburger.com

Starke Heldinnen

Erstleseabenteuer

Annette Neubauer

Ravensburger

Inhalt

Auf Seite 56 werden schwierige Wörter erklärt.

Kumandra

Zahn

Herz

Klaue

Zahn ist Namaaris Heimat. Das Volk ist schlau und entschlossen.

Herz ist eine Insel. Hier bewachen Raya, Tuk Tuk und Benja das Drachenjuwel.

Klaue ist ein schwimmender Marktplatz. Hier leben Noi und die Ongis.

Kamm liegt abseits der anderen Länder. Tong lebt dort mit vielen Kriegern.

Schweif ist heute eine Wüste. Hier soll der letzte Drache versteckt sein.

Raya und Tuk Tuk

Raya ist eine tapfere und schlaue Kriegerin.
Gemeinsam mit ihrem treuen Freund Tuk Tuk
kämpft sie gegen eine böse Macht: die Druun.

Sisu

Der legendäre
letzte Drache ist ganz
anders, als Raya
erwartet hatte: Sisu
ist sehr lustig und frech. Das Drachenmädchen
zweifelt aber auch an sich. Raya hilft ihr dabei,
an sich zu glauben.

Benja

Sprich: Benscha. Er ist
Rayas Vater und das
Oberhaupt im Land Herz.

Tong

Der große Krieger
aus Kamm sieht
zwar furchterregend
aus, hat aber
ein weiches Herz.

Namaari

Die Prinzessin aus Zahn ist
klug, stark und entschlossen.
Sie tut alles, um ihr Volk zu
beschützen.

Boun

Sprich: Buun. Er ist hilfsbereit, aber auch sehr einsam: Boun hat seine Eltern durch die Druun verloren. Deshalb hilft er Raya dabei, sie zu vertreiben.

Noi und die Ongis

Die Ongis sind geschickte Diebe. Sie leben im Land Klaue. Gemeinsam ziehen sie die kleine Noi auf. Das süße Mädchen ist sehr gut darin, Leute abzulenken. So haben die Ongis leichtes Spiel.

Das Drachenjuwel

Vor langer Zeit lebten in Kumandra
Menschen und Drachen friedlich zusammen.
Doch dann kamen die Druun. Sie erschienen
als dunkler Nebel und verwandelten Menschen
und Drachen in Stein.
Der Sage nach erschuf der letzte Drache,
Sisu, ein magisches Juwel. Damit vertrieb
er die Druun. Die Menschen erwachten
wieder zu neuem Leben. Aber die
Drachen blieben verschwunden.
Ohne sie zerbrach Kumandra in fünf
Länder: Schweif, Klaue, Kamm, Herz
und Zahn.

Seitdem ist das Drachenjuwel im Land Herz.
Dort wird es von **Oberhaupt Benja** und seiner
Familie bewacht. Eines Tages wird seine Tochter
Raya zur Wächterin des Juwels. Benja ist sehr
stolz auf sie.

„Es gibt einen Grund, warum jedes Land nach
einem Drachenteil benannt ist", erklärt er ihr.
„Früher lebten wir **in Eintracht** zusammen."

Benja glaubt fest daran, dass alle Völker bald wieder friedlich vereint in Kumandra leben werden.

Deswegen lädt Benja die Völker zu einem gemeinsamen Fest ein. Alle sind da. Aber keiner will als Erster über die Brücke gehen und das Land Herz betreten.

„Wer hat Hunger?", fragt Raya und schaut sich um. Sie blickt in die fremden Gesichter und entdeckt ein Mädchen in ihrem Alter. Das Mädchen geht auf Raya zu und sagt: „Ich bin Namaari aus Zahn."

Raya sieht Namaaris Kette.

„Ist das Sisu?", fragt sie.

Namaari nickt. Die Mädchen mögen sich sofort.
Hand in Hand gehen die beiden über die
Brücke und betreten das Land Herz. Im Palast
zeigt Namaari Raya eine alte Schriftrolle aus
Zahn. In ihr steht geschrieben, dass Sisu noch
lebt und am Ende eines Flusses schläft.
Namaari schenkt Raya sogar ihre Drachenkette.

Zum Dank führt Raya ihre neue Freundin zum
Drachenjuwel. Zuerst ist Namaari wie verzaubert.
Doch dann greift sie Raya an. Plötzlich stürmen
Soldaten herbei. Benja will das Juwel beschützen.
Aber jemand schießt einen Pfeil auf ihn und er
stürzt zu Boden. Alle wollen das Drachenjuwel.
Im Kampf zerspringt es in fünf Teile.

Der Boden bebt und bekommt Risse.
Ein schwarzer Nebel schießt heraus.
Die Druun sind wieder da!
Benja hält ein Stück des Juwels hoch. Sofort
weichen die Druun zurück. Allen wird klar:
Sogar die einzelnen Teile des Juwels besitzen
noch große Magie! Die Soldaten stürzen los.
Jeder erbeutet eine Scherbe für sein Land.

Die Druun ziehen durch das Land. Die Menschen fliehen entsetzt. Raya hilft ihrem verletzten Vater. Aber er ist zu schwach. Er gibt seiner Tochter die Scherbe.

„Hüte das Juwel wie dein Leben", sagt er. „Ich liebe dich, Tautropfen!"

Dann stößt er Raya und Tuk Tuk von der Brücke. Die beiden stürzen in die Tiefe. Im Wasser können die Druun ihnen nichts tun. Raya muss hilflos zusehen, wie ihr Vater in Stein verwandelt wird.

Die Suche

Sechs Jahre sind vergangen. Während der ganzen Zeit ist Raya auf Tuk Tuk von einem Fluss zum anderen geritten, um Sisu zu suchen.
Heute reitet sie zum letzten Fluss. Sie muss den schlafenden Drachen unbedingt finden. Nur er kann die Druun vertreiben und damit Benja wieder erwecken.

Endlich erreicht Raya das Ende des Flusses.
Wenn sie Sisu hier nicht findet, ist alles
verloren. Sie nimmt ein Geschenk aus ihrer
Tasche und bittet um Hilfe.
Plötzlich steht der Drache vor ihr.
Doch Sisu ist ganz anders, als Raya
erwartet hat.
„Oh Sisu, ich muss dich kurz **auf den
neuesten Stand bringen** ..."
Raya erklärt ihr, dass die
Druun zurückgekehrt sind.
Dann zeigt sie ihr das
Stück des Juwels.

„Das Juwel ist zerbrochen?", ruft Sisu entsetzt.
„Ich will ehrlich sein: Ich bin nicht der beste
Drache." Jetzt erklärt Sisu, dass die ganze
Magie ihrer Geschwister in das Drachenjuwel
geflossen ist. Dann sind sie erstarrt und
haben Sisu das Juwel anvertraut.
Allein kann sie kein Neues machen.

Als Sisu das Juwel anfasst, beginnt sie zu
leuchten. Sie bekommt die Magie der Drachen
zurück! Wenn sie alle Stücke suchen und wieder zusammensetzen, hat Sisu vielleicht genug
Kraft. Dann kann sie die Druun vertreiben.

Auf der Flucht

Zuerst ziehen sie durch das Land Schweif.
Dort ist eine leere Ruine. Hier finden sie
das Juwel. Als Sisu es anfasst, verwandelt
sie sich in ein Mädchen.

Namaari hat sie mit ihren Soldaten verfolgt und
beobachtet. „Ergreift sie!", befiehlt Namaari.
Raya und Sisu fliehen auf Tuk Tuk. Aber Namaari
und ihre Soldaten jagen ihnen hinterher.

Raya, Sisu und Tuk Tuk fliehen zum Wasser und springen auf ein Boot.

Der Kapitän ist ein Junge namens Boun. Raya gibt ihm ein paar Münzen, damit er sie ins Land Klaue bringt. Das Boot tuckert langsam los. Schnell springt Sisu ins Wasser. Dort verwandelt sie sich wieder in einen Drachen. Sie schiebt das Boot sehr schnell vorwärts.

„Meine Freundin ist eine **krass gute** Schwimmerin", erklärt Raya dem erstaunten Boun.

Nach einer Weile verwandelt sich Sisu wieder
in ein Mädchen und klettert zurück an Bord.
Boun bietet ihnen Essen an.
„Vielleicht ist es vergiftet", flüstert Raya.
Aber Sisu schlingt das Essen herunter.
„Vorzüglich!", sagt sie. „Und übrigens nicht
vergiftet."
Auch nachts tuckern sie weiter. Plötzlich hören
sie vom Ufer ein unheimliches Fauchen.
Es sind die Druun.

„Deswegen verlasse ich nie das
Boot", sagt Boun. „Die Druun
haben meine Familie geholt."
„Meine auch!", sagt Sisu.

In Klaue

Bald erreichen sie das Land Klaue. Sisu bleibt
mit Boun an Bord. Raya geht mit Tuk Tuk an
Land, um die dritte Scherbe zu finden. Auf dem
Marktplatz findet sie ein weinendes Baby.
Es sitzt allein auf dem Boden.
Raya hebt es hoch. In dem
Moment stehlen drei Ongis
die Scherben aus ihrer Tasche.
Raya kann es nicht glauben:
Das Baby ist ein **Gauner**!
Raya verfolgt die Ongis so lange,
bis sie die Scherben wiederhat.
Dann fragt sie die Bande, ob sie
ihr bei ihrer Suche helfen will.

Inzwischen hat auch Sisu das Boot verlassen
und schlendert über den Marktplatz. Sie will
ein Geschenk für den Anführer von Klaue
finden. Denn Geschenke schaffen Vertrauen.
Aber sie bekommt Ärger mit den Händlern.
Eine alte Frau hört, wie Sisu vom Drachenjuwel
spricht und hilft ihr.

Die alte Frau führt Sisu aus der Stadt. Hinter dem Tor erscheinen die Druun. Die alte Frau hält das Juwel aus dem Land Klaue hoch, um sich zu schützen. „Wo sind die anderen Scherben? Verrate es mir, sonst lasse ich dich hier draußen mit diesem Ding!", droht sie. „Ich habe dir vertraut!", ruft Sisu entsetzt.

„Das war ein **Mordsfehler**", antwortet die
alte Frau.
Raya und Tuk Tuk kommen gerade noch
rechtzeitig, um ihr die Scherbe zu entreißen
und Sisu zu retten. Als Sisu die Scherbe
berührt, bekommt sie eine weitere Kraft:
Um sie herum entsteht dichter Nebel. In seinem
Schutz können Raya, Tuk Tuk und Sisu fliehen.

Die drei eilen zurück zum Boot. Dort füttert Boun das Baby und die Ongis.
„Ich habe ihnen so viel Essen versprochen, wie sie wollen", erklärt Raya.
„Dann haben wir sie noch eine Weile an der Backe!", sagt Boun. „Ongis haben neun Mägen."
Die Freunde reisen weiter ins Land Kamm.

Die Welt ist zerbrochen

Auf dem Weg warnt Raya Sisu vor Fremden:
„Die Welt ist zerbrochen. Du kannst
niemandem vertrauen."
„Oder die Welt ist zerbrochen, weil du
niemandem vertraust", entgegnet Sisu.
Schließlich erreichen sie ihr Ziel. Sisu will den
Bewohnern etwas schenken. Aber stattdessen
werden sie von dem Krieger Tong gefangen.
Doch zum Glück kommen ihre Freunde
und befreien Raya und Sisu.
Dann fesseln sie Tong.

Trotzdem sind die Freunde nicht sicher. Auch Namaari ist mit ihren Soldaten im Land Kamm. Raya blickt durch ein Fenster. Die Bewohner Kamms sind versteinert. „Du bist der Einzige hier?", fragt sie.

„Mein Volk hat mutig gegen die Druun gekämpft. Aber verloren", antwortet Tong traurig.

Raya vertraut Tong und verrät ihren Plan: Sie will Namaari ablenken. Tong soll ihren Freunden helfen, zu entkommen. Tong ist einverstanden und Raya befreit ihn.

Raya kämpft mutig gegen Namaari, während
sich die anderen davonschleichen. Doch Sisu
erkennt, dass Raya in Gefahr ist. Sie verwandelt
sich in einen Drachen, um ihr zu helfen.
Namaari erstarrt, als Sisu vor ihr steht.
„Genau, sie ist ein Drache. Gehen wir", sagt
Raya zu den anderen.

Zurück an Bord erklären Raya und Sisu ihren
Freunden, dass sie die Druun mit dem Drachenjuwel vertreiben wollen. Jeder von ihnen hat
einen geliebten Menschen verloren. Alle wollen
helfen.
Tong gibt Sisu das Juwel aus seinem Land.
Als Sisu die vierte Scherbe nimmt, beginnt es
zu regnen. Wieder hat Sisu eine neue Magie
dazugewonnen.

Die letzte Scherbe

Bald erreichen die Freunde Zahn. Um es vor den Druun zu schützen, ist das Land von Wasser umgeben. Sisu will Raya davon überzeugen, Namaari zu vertrauen, und erzählt ihr von früher: Als die Druun angriffen, ließen ihre Geschwister ihre Magie in ein Juwel fließen und gaben es Sisu. Die Geschwister vertrauten ihr. Deswegen konnte sie die Druun vertreiben.

„Durch unser Vertrauen kann sich auch Namaari ändern", sagt Sisu.
Raya zögert. Aber schließlich stimmt sie zu.
Sie hat einen Plan.

Das Baby und die Ongis schleichen in den Palast von Zahn. Sie bringen Namaari eine Nachricht und ein Geschenk: Es ist der Drachenanhänger, den Namaari Raya vor vielen Jahren geschenkt hat.

Am Abend sitzen die Freunde am Lagerfeuer und essen. Alle hoffen, dass sie bald wieder mit ihren Familien vereint sind. Doch dafür brauchen sie noch den fünften Teil des Juwels.

Kurz darauf erscheint Namaari
mit der Scherbe aus Zahn.
„Das letzte Stück", sagt Sisu
und geht auf Naamari zu.
Da hebt Namaari ihre Armbrust.
„Sisu und die Juwelenstücke
kommen mit mir", befiehlt sie.
Namaari glaubt, dass sie nur
so ihr Volk schützen kann.

„Ich mach das schon", sagt Sisu zu Raya. Sie
geht noch einen Schritt auf Namaari zu. Dann
schaut sie ihr in die Augen und sagt: „Du willst
nur eine bessere Welt. So wie wir alle."
Raya wartet nicht, bis Namaari die Armbrust
senkt und zieht ihr Schwert. Sie will Sisu
verteidigen. Da löst sich plötzlich ein Pfeil.
Sisu wird verletzt und stürzt ins Wasser.
Erschrocken nimmt Namaari ihre Scherbe und
läuft weg.

Vertrauen

Plötzlich trocknet der Fluss aus. „Mit dem letzten
Drachen verschwindet auch das Wasser",
erklärt Tong. „Jetzt gibt es nichts
mehr, was die Druun aufhält."
Da tauchen die Druun im
Flussbett auf. Raya rennt
los. Sie muss
Namaari finden.

Als Raya den Palast von Zahn erreicht, wartet Namaari schon auf sie. Fast gleichzeitig ziehen die beiden ihre Waffen und kämpfen.

„Ich wollte nicht, dass das alles passiert. Es ist mir gleich, ob du mir glaubst", sagt Namaari. „Sisu hat es getan. Aber du hast ihr nicht vertraut. Deswegen sind wir hier."

Da erkennt Raya, dass sie vor lauter Wut
blind geworden ist.
Durch ein Fenster beobachtet sie, wie ihre
Freunde die Menschen vor den Druun retten.
Sie will zu ihnen und hört auf, mit Namaari
zu kämpfen. Da hilft auch Namaari und rettet
Tuk Tuk.

Doch dann sind
die Freunde von den
Druun umzingelt.

„Wir müssen uns endlich vertrauen und alles
in Ordnung bringen", sagt Raya zu ihren
Freunden. Dann macht sie den ersten Schritt
und gibt Namaari ihre Scherbe.
Einen Moment später wird sie zu Stein.
Ihre Freunde folgen ihr.
Einer nach dem anderen gibt
Namaari sein Juwelenstück.
Schließlich werden alle
in Stein verwandelt.

Kumandra

Namaari weiß, was sie tun muss. Sie setzt die
Scherben wieder zusammen. Als sie fertig ist,
berührt sie Rayas Schulter und versteinert.
Das Juwel verdunkelt sich. Doch dann beginnt
es zu leuchten. Es wird heller und heller.
Plötzlich entsteht ein Ring aus Licht und
vertreibt die Druun. Funkelnde Regentropfen
fallen vom Himmel und erwecken die
Menschen wieder zum Leben.

Als das Wasser wieder in den Flüssen fließt,
erscheinen die Drachen. Auch Sisu ist unter
ihnen. Sie ist überglücklich, ihre Geschwister
und ihre Freunde wiederzusehen.
Alle sind wieder mit ihren Familien vereint.

Raya und Tuk Tuk reiten zurück nach Hause.
Als Benja seine Tochter sieht, umarmt er
sie zärtlich.
Plötzlich steht Sisu vor ihnen. Menschen
aus allen Völkern kommen hinzu, um sich
vor Raya und ihrem Vater zu verbeugen.
Raya lächelt und sagt:
„Willkommen in Kumandra!"

Schon gewusst?

Sage	Eine sehr alte Geschichte. Niemand weiß, ob sie wirklich wahr ist.
Juwel	Ein anderes Wort für „Edelstein". Ein wertvoller Stein.
Oberhaupt	Der Anführer einer Gruppe von Menschen.
in Eintracht zusammenleben	Wenn Menschen friedlich zusammenleben und es keinen Streit gibt.
erbeuten	Wenn man jemanden überfällt und ihm etwas wegnimmt, dann ist das Gestohlene die Beute.

auf den neuesten Stand bringen	Wenn jemand lange weg war, erzählt man ihm, was alles passiert ist. So bringt man jemanden auf den neuesten Stand.
krass gut	„Krass" ist ein anderes Wort für „sehr" oder „ganz besonders".
Gauner	Ein anderes Wort für Dieb oder für jemanden, der andere hereinlegt und austrickst.
Mordsfehler	Ein besonders großer und gefährlicher Fehler.

Inhalt

Auf Seite 106 werden schwierige Wörter erklärt.

La Casita

Casita ist Spanisch für „Häuschen". Das Haus von Mirabel und ihrer Familie ist lebendig und voller Magie. Es ist ein Teil der Familie. Casita liegt im magischen Tal Encanto.

Mirabel

Obwohl Mirabel als Einzige in ihrer Familie keine magische Gabe besitzt, ist sie immer gut gelaunt. Sie hat für alle ein offenes Ohr und liebt ihre Familie über alles.

Abuela Alma

Abuela ist spanisch und bedeutet „Großmutter". Mirabels Oma Alma ist stark und entschlossen. Sie tut alles, um ihre Familie zu schützen und ist sehr dankbar für die Magie.

Antonio

Mirabels kleiner Cousin ist etwas schüchtern. Doch Mirabel vertraut er, denn die beiden sind beste Freunde. Als er seine Gabe bekommt, ist er aufgeregt. Nur Mirabel kann ihn beruhigen.

Isabela

Isabela ist Mirabels älteste Schwester. Sie kann wunderschöne Blumen wachsen lassen. Isabela ist immer elegant wie eine Prinzessin. Doch eigentlich will sie gar nicht immer perfekt sein.

Luisa

Die starke Luisa ist Mirabels andere ältere Schwester. Für sie ist nichts zu schwer und sie ist immer für alle da. Manchmal fragt sie sich, ob die anderen sie auch ohne ihre Stärke lieben würden.

Bruno

Mirabels Onkel kann in die Zukunft sehen. Er war sehr beliebt im Encanto, doch dann hatte er eine schreckliche Vision. Seitdem ist er verschwunden und keiner spricht mehr von ihm.

Das Wunder

Vor vielen Jahren versprach Pedro seiner Frau Alma, an einen besseren Ort zu ziehen. Die beiden waren gerade Eltern von Drillingen geworden. Also packte Alma alles zusammen und zündete eine Kerze an. Zusammen mit vielen anderen Menschen machten sie sich auf den Weg.

Doch als sie an einen Fluss kamen, waren ihre Verfolger hinter ihnen. Pedro nahm Abschied und küsste alle. Er wollte seine Familie verteidigen und blieb am Ufer.

Pedro kam nicht zurück. Alma war sehr traurig.
Sie fiel auf die Knie und bat um ein Wunder.
Da begann die Kerze hell zu leuchten!

Das Licht vertrieb die Dunkelheit.
Schmetterlinge flatterten um
Alma und ihre Kinder.

Berge wuchsen in den Himmel. In einem grünen Tal entstand ihre neue Heimat. Ein sicherer Ort voller Wunder. Das **Encanto**!
Für Alma und ihre Kinder wuchs ein magisches Haus, Casita, das alle beschützte.

Die Kerze strahlte immer weiter und die Magie wurde größer. Jedes von Almas Kindern bekam eine Tür zu einem magischen Zimmer.
Als sie die Türen öffneten, bekamen sie besondere Gaben.
Dann wurde Alma Großmutter. Für sie war es besonders wichtig, dass alle Kinder eine Gabe erhielten. Das Encanto sollte für immer ein Paradies bleiben.
Mirabel blieb die Einzige in der Familie ohne Magie.

Antonios Gabe

Heute ist ein großer Tag: Mirabels kleiner Cousin Antonio wird am Abend seine Tür öffnen. Alle bereiten das Fest vor: Luisa trägt schwere Fässer und Isabela zaubert Blumen. Mirabel strengt sich besonders an. Aber ihr fehlen die wunderbaren Kräfte, die die anderen in ihrer Familie haben.

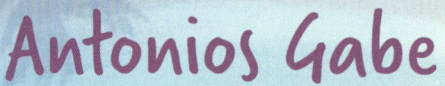

Alle sind sehr beschäftigt. Deswegen bemerken
sie erst nicht, dass Antonio verschwunden ist.
Mirabel findet ihn im Kinderzimmer unter dem
Bett. „Nervös? Du hast nichts zu befürchten!",
sagt sie zu ihm.
„Was, wenn es nicht funktioniert?",
fragt Antonio ängstlich.

„Na ja, in diesem Fall, bleibst du einfach hier bei mir." Mirabel schenkt ihm einen Stoffjaguar. „Den habe ich selbst gemacht. Wenn du in dein neues Zimmer ziehst, hast du jemanden zum Kuscheln."
Mirabel umarmt den kleinen Antonio.
Dann beginnt das Fest.

Als Antonio die Treppe zu seiner Tür hochgehen
soll, bekommt er noch mehr Angst. „Ich
brauche dich", sagt er und streckt seine Hand
aus. Mirabel nimmt sie und atmet tief durch.
Sie erinnert sich daran, wie sie selbst als

kleines Mädchen vor ihrer Tür stand. Doch
dann verschwand die Tür einfach! Bei dem
Gedanken wird sie auch heute sehr traurig.
Aber für Antonio geht sie tapfer die Stufen
hinauf.

Als Antonio den Türknauf anfasst, ergreift ihn die Magie. Pico, ein Tukan, landet auf seinem Arm und zwitschert.
„Ich verstehe dich!", sagt Antonio.
Plötzlich ist Antonio von Tieren umgeben.
„Wir haben eine neue Gabe!", ruft Alma stolz.
Alle jubeln.

Antonio geht in sein Zimmer. Dort sieht es aus wie in einem Wald. Er reitet auf einem Jaguar zwischen Palmen hindurch. Juhu!

Die Risse

Mirabel fühlt sich sehr einsam und läuft nach draußen. Da fällt im Hof ein Ziegel vom Dach. Mirabel hebt ihn auf und schneidet sich daran. Jetzt sieht sie Risse auf dem Boden. Auch die Wände beginnen zu zittern.

Im Fenster der Großmutter steht wie immer
die brennende Kerze. Aber sie flackert und
wird schwächer. Erschrocken läuft Mirabel los.
Sie muss Alma holen.
Als die Großmutter im Hof steht, sieht Casita
aus wie immer.

In der Küche heilt die Mutter Mirabels Hand.
Die Familie denkt, dass Mirabel das Beben nur
erfunden hat, um Antonios Fest zu stören.
„Ich wünschte, dass du dich so sehen könntest,
wie ich dich sehe", sagt ihre Mutter. „Du
bist perfekt, so wie du bist. Du bist genauso
besonders wie jeder in der Familie!"
Sie umarmt Mirabel ganz fest.

Aber Mirabel weiß genau, was sie gesehen hat.
Sie ist sicher, dass das Haus gewackelt hat.
„Mein Bruder Bruno ist in dieser Familie nicht
zurechtgekommen", erklärt die Mutter ihr. „Ich
will nicht, dass dir das auch passiert. Schlaf
ein bisschen! Morgen fühlst du dich besser."

Die Magie wird schwächer

In der Nacht kann Mirabel nicht schlafen. Sie steht auf und schleicht zum Fenster ihrer Großmutter. Heimlich hört sie, wie Alma mit einem Foto von Pedro spricht. „Wenn unsere Familie wüsste, wie verwundbar wir sind. Wenn unser Wunder stirbt ..." Ihre Stimme bricht ab, bevor sie weiterspricht. „Wir dürfen unser Zuhause nicht noch einmal verlieren."

Mirabel lauscht und versteht jedes Wort.
„Warum geschieht das?", fragt Alma und
schaut das Foto von Pedro an. „Hilf mir, die
Antwort zu finden. Hilf mir, unsere Familie zu
beschützen. Hilf mir, unser Wunder zu retten."
Plötzlich kennt Mirabel ihre Aufgabe: Sie ist es,
die die Familie schützen und das Wunder
retten muss. Doch dafür muss sie mehr über
die Magie wissen.

Am nächsten Tag geht Mirabel zu ihrer
Schwester. Luisa trägt gerade Esel zu den
Bauern zurück. Sie sieht müde aus.
„Was weißt du über die Magie?", fragt Mirabel.
„Gar nichts. Ich habe viel zu tun", antwortet
Luisa.
Doch Mirabel glaubt ihr nicht und fragt weiter.
Schließlich platzt es aus Luisa heraus: Sie muss
immer für alle stark sein. Unter dem ständigen
Druck fühlt sie sich manchmal ganz schwach.
Einen Moment bleibt Mirabel einfach stehen.

Dann umarmt sie ihre Schwester. Luisa seufzt
und umarmt Mirabel auch ganz fest.

„Als du gestern die Risse gesehen hast, fühlte
ich mich schwach!", gibt sie zu.

„Was geschieht nur mit unserer Magie?",
fragt Mirabel.

„Ich weiß es nicht. Aber ich habe gehört, dass
Bruno eine furchtbare **Vision** hatte, bevor er
fortging", antwortet Luisa. „Wenn du etwas
über die Magie herausfinden willst, gehe in
Brunos Turm. Finde die Vision!"

Im Turm

Mirabel läuft ins Haus und öffnet die Tür zu
Brunos Turm. Sie geht hinein. Von der Decke
rieselt Sand herab. Mirabel kann kaum etwas
sehen. „Ich komm schon klar! Ich muss das tun!",
sagt sie zu sich selbst und geht mutig weiter.

Plötzlich schlittert Mirabel eine große Sanddüne hinab und landet in einem riesigen Raum.

Von dort führt eine Treppe wieder nach oben.
Mirabel steigt die Stufen hinauf. Oben
angekommen sieht sie einen leuchtenden Kreis
aus Sand. Unter dem Sand glänzen Stücke
von Brunos Vision. Mirabel hebt einige Scherben
auf und setzt sie zusammen.
In dem Bild sieht sie
sich selbst!

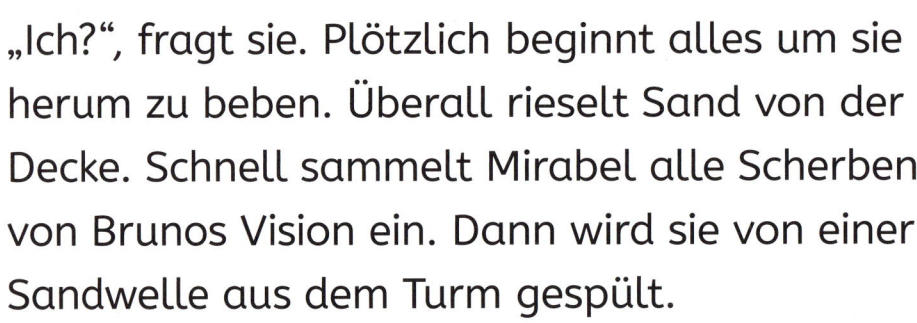

„Ich?", fragt sie. Plötzlich beginnt alles um sie
herum zu beben. Überall rieselt Sand von der
Decke. Schnell sammelt Mirabel alle Scherben
von Brunos Vision ein. Dann wird sie von einer
Sandwelle aus dem Turm gespült.

In ihrem Zimmer legt Mirabel die Stücke vorsichtig zusammen. Auf dem Bild ist Casita. Die Wände sind von Rissen durchzogen. Und vor dem Haus steht sie! Was hat das zu bedeuten?

Dann hört sie die Stimme ihres Vaters. Es ist Zeit für das Abend-essen. Auch Isabelas **Verlobter** ist heute zu Besuch. Als alle am Tisch sitzen, beginnt das Haus erneut zu beben. Der Verlobte läuft entsetzt weg. Die Familie gibt Mirabel die Schuld daran, dass die Magie verloren geht.

Mirabel findet Bruno. Er hat sich im Haus versteckt. Sie überredet ihn zu einer neuen Vision. Gemeinsam gehen die beiden in Antonios Zimmer. Bruno streut Sand auf den Boden. Dann sieht er in die Zukunft. Mirabel und Antonio sehen dieselben Bilder wie er. Als die Vision dunkel wird, will Bruno aufgeben. Aber Mirabel nimmt seine Hände und sagt: „Die Familie braucht dich!"

Bruno vertieft sich wieder und sein Bild wird heller. Er sieht Mirabel in den Armen einer jungen Frau.

„Du musst diese Frau umarmen und die Kerze wird wieder heller!", sagt er zu Mirabel.

Die junge Frau ist niemand anders als Mirabels perfekte Schwester Isabela.

„Isabela hasst mich!", ruft Mirabel entsetzt.

Isabela zaubert

Schweren Herzens klopft Mirabel an Isabelas
Tür. Sie will sich mit ihr versöhnen. Doch
Isabela denkt nicht daran, sie zu umarmen.
Plötzlich wird Mirabel wütend.
„Du denkst nur an dich!", ruft sie.
„Und du vermasselst immer alles!",
schreit Isabela zurück.

„Es ist nichts verloren. Du kannst diesen Blödmann immer noch heiraten …", antwortet Mirabel.

„Ich will ihn gar nicht heiraten!", sagt Isabela. „Ich tue das nur für die Familie."

Dann passiert etwas Merkwürdiges: Anstatt Blumen zaubert Isabela **Kakteen**. Isabela will endlich frei sein! Dabei gleiten immer mehr fantastische Pflanzen aus ihren Fingern. Die beiden Schwestern freuen sich riesig über die neue bunte Welt und fallen sich in die Arme. Da leuchtet die Kerze in Almas Fenster wieder hell.

Als Alma die Kakteen sieht, wird sie wütend.

Sie schreit Mirabel an: „Bruno ist wegen dir fortgegangen. Luisa verliert ihre Kräfte. Isabela spielt verrückt. Wegen dir! Ich weiß nicht, wieso du keine Gabe bekommen hast. Aber das ist kein Grund, der Familie Leid zuzufügen."

Der Boden bebt. Tiefe Risse trennen Alma und Mirabel. „Ich werde niemals gut genug für dich sein. Egal, wie sehr ich es auch versuche. Egal, wie sehr es irgendeiner von uns versucht."

Die Risse werden länger und breiten sich im ganzen Encanto aus.

„Ich liebe diese Familie", sagt Mirabel.

„Das Wunder stirbt wegen dir."

Das Haus erbebt und die Kerze wackelt. Mirabel läuft los und rettet sie. Einen Moment später stürzt das Haus ein.

Da erlischt auch die Kerze.

Das neue Encanto

Mirabel läuft einfach weg. Erschöpft kommt sie zu einem Fluss und setzt sich ans Ufer. Da hört sie Alma hinter sich. Die Großmutter setzt sich neben sie und erzählt ihr von ihrem Mann Pedro.

Alma hat schreckliche Angst, das Wunder zu verlieren. Das ist der Grund, warum sie immer so viel von ihrer Familie verlangt. Sie will die Magie bewahren. „Du hast unserer Familie niemals Leid zugefügt. Wir haben uns **entzweit**. Wegen mir", sagt sie traurig zu Mirabel. Mirabel schaut Alma voll Mitgefühl an, als ein Schmetterling kommt. Er setzt sich auf einen Halm im Fluss. Mirabel nimmt Almas Hand und führt sie ins Wasser.

Mirabel erinnert ihre Großmutter an alles, was sie für die Familie getan hat. Da spürt Alma, wie sie sich verändert. Als sich die Sonne durch die Wolken schiebt, schaut sie Mirabel stolz an. „Ich habe meinen Pedro um Hilfe gebeten. Und er hat mir dich geschickt!"

Alma umarmt Mirabel. Immer mehr Schmetterlinge flattern durch die Luft. In dem Moment reitet Bruno auf sie zu. Er ist überrascht, als Alma ihn auch in die Arme schließt. Dann steigen die drei auf Brunos Pferd.

„Wohin reiten wir?", fragt Bruno.

„Nach Hause!", antwortet Mirabel.

Die ganze Familie packt mit an, um Casita
wieder aufzubauen. Plötzlich tauchen die
Bewohner aus dem Encanto auf. Sie wollen
helfen, das magische Haus neu zu errichten.
Alle arbeiten zusammen.
So geht es schnell
voran.

Casita wird so wunderbar
wie nie zuvor.

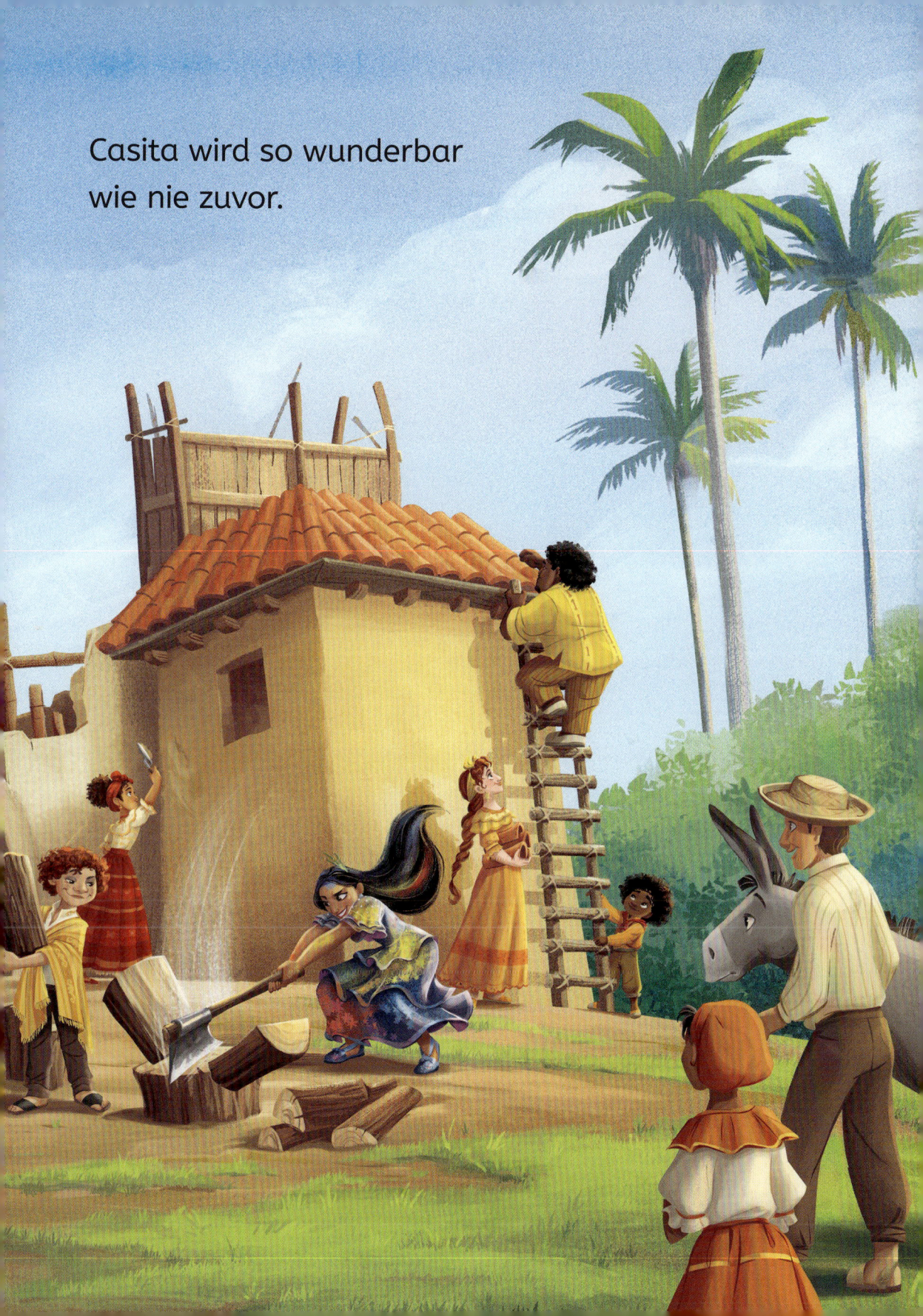

Dann gibt Antonio Mirabel den glänzenden Türknauf. Sie nimmt ihn. Mirabel sieht ihr Spiegelbild darin und lächelt. Dann steckt sie den Knauf in die Tür.

Wusch!

Casita erwacht! Schmetterlinge flattern durch das ganze Encanto. Alles erstrahlt in hellem Glanz. Mirabel kennt nun ihre besondere Gabe: Sie sieht die Magie in allen Dingen, in allen Tieren und ganz besonders in allen Menschen.

Schon gewusst?

Drillinge Drei Geschwister, die am selben Tag zur Welt gekommen sind. Wie Zwillinge, nur drei statt zwei.

Encanto „Encanto" ist Spanisch und bedeutet „Zauber". Mirabels Familie nennt das sichere Tal, in dem sie wohnt, Encanto, weil es durch ein magisches Wunder entstanden ist.

Gabe Wenn man etwas Besonderes kann oder wenn man etwas besser kann als andere, dann ist das ein Talent oder eine Gabe.

Paradies Ein Ort, an dem alles perfekt ist. Dort kann man in Frieden leben.

Tukan Ein schwarzer Vogel mit großem gelbem Schnabel.

verwundbar	Wenn man ungeschützt ist und leicht verletzt werden kann, ist man verwundbar.
Vision	Wenn man in die Zukunft sehen kann, heißt das auch „man hat eine Vision".
Sanddüne	Ein großer Berg aus Sand.
Verlobter	Wenn zwei Menschen sich versprechen, dass sie heiraten werden, dann sind sie verlobt. Der Mann ist dann ein Verlobter.
Kakteen	Die Mehrzahl von Kaktus.
entzweien	Wenn sich Menschen so sehr streiten, dass sie danach nichts mehr miteinander zu tun haben möchten, dann haben sie sich entzweit.

Inhalt

Auf Seite 156 werden **schwierige Wörter** erklärt.

Vaiana

Vaiana liebt das Meer und möchte am liebsten weit hinaussegeln, doch ihr Vater erlaubt es nicht. Eines Tages jedoch bricht Vaiana auf, um ihre Insel zu retten.

Großmutter Tala

Vaianas weise Großmutter kennt alle Geschichten ihres Volkes. Sie unterstützt Vaiana und macht ihr Mut, dem Meer zu vertrauen.

Chief Tui und Sina

Sprich: Tschief Tui. Der Anführer von Motunui und seine Frau Sina sind Vaianas Eltern. Tui versteht einfach nicht, warum Vaiana unbedingt aufs Meer hinaussegeln will. Sina hat mehr Verständnis für ihre Tochter und unterstützt sie.

Te Fiti

Die Mutter aller Inseln war die erste Insel, die aus dem Meer aufstieg. Ihr Herz hat die Macht, Leben zu erschaffen. Damit schuf sie Pflanzen, Tiere und Menschen im Wasser und an Land. Doch dann stahl Maui ihr Herz. Seitdem verbreitet sich eine gefährliche Dunkelheit.

Maui

Maui ist der Herr des Windes und des Meeres. Er war einst der größte Held der Menschen. Doch nun ist er fast vergessen. Maui hat einen magischen Fischhaken, mit dem er sich in alles verwandeln kann. Doch als er Te Fitis Herz stahl, verlor er den Haken.

Tamatoa

Die riesige Krabbe lebt im Reich der Monster. Tamatoa liebt alles, was glitzert. Er schmückt seinen Panzer mit Gold und Edelsteinen. Eines Tages findet er Mauis magischen Haken und hängt ihn auch an seinen Panzer.

Te Kā

Sprich: Te Kaa. Das riesige Lavamonster ist ein Dämon aus Erde und Feuer. Te Kā kann sich nur an Land bewegen, denn das Wasser des Meeres würde sein Feuer löschen. Die Legende sagt: Wer zu Te Fiti will, muss an Te Kā vorbeikommen.

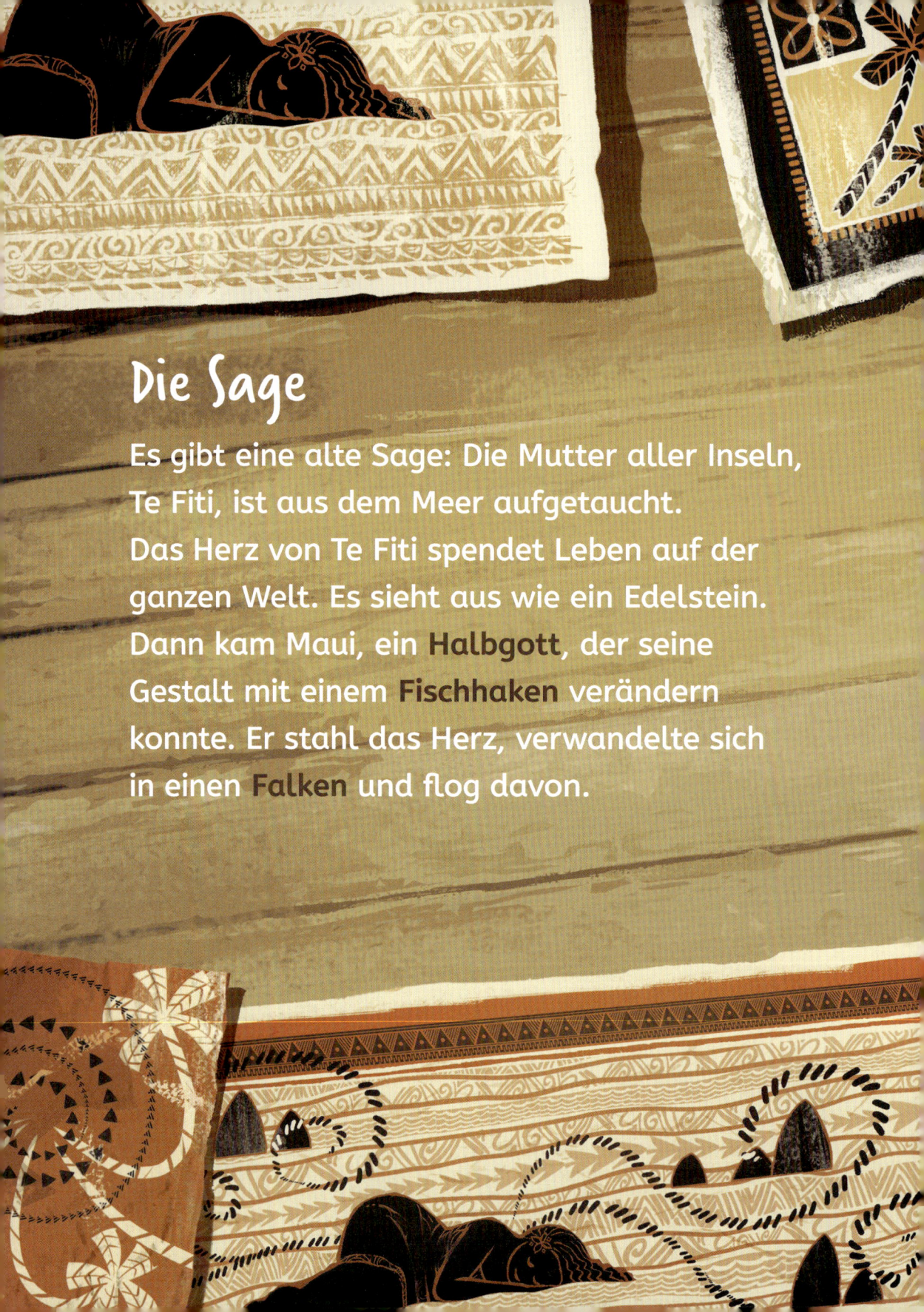

Die Sage

Es gibt eine alte Sage: Die Mutter aller Inseln,
Te Fiti, ist aus dem Meer aufgetaucht.
Das Herz von Te Fiti spendet Leben auf der
ganzen Welt. Es sieht aus wie ein Edelstein.
Dann kam Maui, ein Halbgott, der seine
Gestalt mit einem Fischhaken verändern
konnte. Er stahl das Herz, verwandelte sich
in einen Falken und flog davon.

Aber Te Kā, ein gewaltiger Dämon
aus Erde und Feuer, schleuderte
ihn vom Himmel herab.
Das Herz und der Fischhaken
versanken im Meer. Maui verschwand.
Nun breitet sich seit 1000 Jahren eine
schreckliche Finsternis aus.
Eine Insel nach der anderen
wird von ihr verschlungen.

„Eines Tages", so beendet Großmutter Tala die Geschichte, „wird das Herz gefunden. Jemand wird das **Riff** verlassen, Maui treffen, ihn quer über den **Ozean** bringen und das Herz nach Te Fiti zurückbringen. Dann sind wir alle in Sicherheit!"

Ihre Enkeltochter Vaiana ist von der Geschichte begeistert. Aber die anderen Kinder fürchten sich schrecklich.

Tui, Vaianas Vater, kommt herein. Er ist der Anführer und wird von seinem Volk **Chief** genannt.

„Danke, Mutter. Das ist genug. Unsere Insel ist ein Paradies", sagt er. „Niemand möchte hier weg."

Der Ozean

Am Strand hilft Vaiana einer jungen Schildkröte, das Wasser zu erreichen. Der Ozean beobachtet die kleine Vaiana und schenkt ihr das Herz von Te Fiti!

In dem Moment ruft Tui nach ihr. Da verliert sie das Herz. Ihr Vater nimmt sie auf den Arm und bringt sie zurück.

Die Jahre vergehen. Vaiana wird älter und lernt, dass die Insel ihrem Volk alles gibt, was es braucht.

Niemand segelt hinter das Riff.

Aber Vaiana fühlt sich stark mit dem Ozean verbunden.

Eines Tages wird Vaiana die Anführerin ihres Volkes sein. Immer wieder will Tui sie überzeugen, dass sie zur Insel gehört und nicht zum Ozean.

Als Vaiana 16 Jahre alt ist, steigt sie mit ihrem Vater auf den höchsten Berg der Insel. Hier oben hat jeder Chief einen Stein abgelegt.

„Auch du wirst einmal einen Stein hier ablegen", sagt Tui. „Denn du bist unsere Zukunft, Vaiana." Doch anstatt ihrem Vater zuzuhören, blickt seine Tochter aufs Meer. „Unser Volk lebt auf dieser Insel, nicht auf dem Ozean", erklärt Tui ihr weiter.

Die Dunkelheit

Vaiana fühlt sich zwischen der Insel und dem Meer hin- und hergerissen. Ihre Großmutter Tala versteht sie. „Du kennst alle Geschichten unseres Volkes. Bis auf eine…", sagt Tala. Dann führt sie Vaiana in eine geheime Höhle voller Schiffe.

Vaianas Herz klopft heftig.
Ihre Vorfahren segelten
früher auf dem Meer.

„Wir fuhren über das Meer!", jubelt
Vaiana. „Warum tun wir es nicht mehr?"
Großmutter Tala erzählt, dass eine
Finsternis gekommen war, nachdem
Maui das Herz gestohlen hatte.
Seitdem lauern Monster im Ozean.
Deswegen wurde allen verboten, hinaus
aufs Meer zu segeln. Doch nun hat die
Finsternis auch Motunui erreicht.
Die Pflanzen sterben und es gibt keine
Fische mehr. Eine Insel nach der anderen
wird untergehen. Jemand muss die
Menschen retten.

„Ich war dort, als du das Herz bekommen hast", sagt die Großmutter und gibt Vaiana das Herz von Te Fiti. „Der Ozean hat dich auserwählt."

Vaiana läuft zu ihrem Vater. Sie sagt ihm, dass sie das Herz nach Te Fiti zurückbringen muss. Dann ist Motunui gerettet!

„Das ist doch nur ein Stein!", ruft Tui. Er glaubt nicht an die alte Geschichte und hat Angst um seine Tochter. Er verbietet ihr, aufs offene Meer zu fahren. Da hören die beiden, dass Großmutter Tala sehr krank ist und hören auf zu streiten.

Tui und Vaiana laufen zur Großmutter.
Tala umarmt ihre Enkelin und gibt ihr eine Kette
mit einem Anhänger. In den Anhänger legt sie
das Herz von Te Fiti. Dann flüstert sie: „Wenn
du Maui findest, sagst du ihm:

Ich bin Vaiana von Motunui.
Du kommst jetzt auf mein Boot,
segelst über das Meer und
bringst das Herz nach Te Fiti zurück."

In der Nacht schleicht sich Vaiana auf ein Schiff
und segelt hinter das Riff. Sie muss ihr Volk vor
der Finsternis retten.

Der Halbgott

Es gibt nur ein Problem: Vaiana kann nicht
segeln. Ein Sturm zieht auf und das Boot landet
auf einer kleinen Insel. Hier lebt auch Maui!

Der Halbgott ist schon seit 1000 Jahren auf der Insel. Ohne seinen Fischhaken kann er sich nicht verwandeln. Wenn er die Insel verlassen will, braucht er ein Boot.

Vaiana atmet tief ein. „Maui, **Formwandler**, Halbgott des Windes und des Meeres", beginnt sie, „ich bin Vaiana von Motunui und …"

„… ich bin der Held von allen. Voll gerne!", unterbricht sie Maui.

„Du bist nicht mein Held", antwortet Vaiana.

Doch Maui glaubt
Vaiana nicht.
„Ich wollte das Herz
von Te Fiti nur für euch
Menschen stehlen.
Deswegen bin ich auf dieser
Insel gelandet", erklärt er.
Maui gibt schrecklich damit an,
wie er mit seinen tollen Taten den
Menschen geholfen hat. Er hat ihnen
Feuer gebracht, damit sie es warm haben.
Deswegen denkt er, dass ihn alle lieben!

Irgendwie mag Vaiana den seltsamen Halbgott.
Doch dann sperrt Maui sie in eine Höhle, stiehlt
ihr Boot und segelt los.

Vaiana befreit sich und schwimmt Maui
hinterher. Der Ozean hilft ihr und spült
sie auf das Boot.
Vaiana erklärt Maui, dass er das Herz
zurückbringen muss. Doch Maui weiß,
dass er dafür mit Te Kā, dem
Lavamonster, kämpfen muss.
Davor hat er Angst.

Der Riesenkrebs

„Bring das Herz zurück. Rette die Welt. Dann bist du für alle der größte Held", sagt Vaiana. Maui will sehr gerne wieder ein Held sein. „Zuerst brauche ich meinen Haken", antwortet er. Vaiana ist einverstanden.

Maui glaubt, dass der gierige Riesenkrebs Tamatoa seinen Haken hat. Denn das Monster liebt alles, was glitzert. Also segeln die beiden in sein Reich.

Auf dem Weg bringt Maui
Vaiana das Segeln
bei. Sie lernt, wie sie
den Weg mithilfe
der Sterne, der
Sonne und des
Windes finden kann.
Endlich erreichen
die beiden ihr Ziel. Der Boden zittert,
als Tamatoa mit dem Fischhaken
auf dem Rücken auftaucht!

Maui nimmt Tamatoa den Haken ab. Aber er
ist aus der Übung. Er verwandelt sich in ein
Schwein, dann in einen Käfer und schließlich
ist er wieder Maui. Tamatoa lacht Maui aus,
wirft ihn zu Boden und greift nach dem Haken.
Doch Vaiana schafft es, Tamatoa zu **überlisten**
und nimmt ihm den Haken wieder ab.
Zusammen mit Maui entkommt sie.

Maui weiß, dass er den Kampf gegen Tamatoa
verloren hat. Er ist nun sicher, dass er auch
gegen Te Kā verlieren wird. Er wurde als Mensch
geboren und bekam von den Göttern seine
magischen Kräfte.

„Die Götter haben dich nicht zu dem gemacht,
der du bist. Du selbst hast dich zu Maui
gemacht", tröstet ihn Vaiana liebevoll.

Das Lavamonster

Nach Vaianas Worten fasst Maui neuen Mut und verwandelt sich. Zuerst wird er zu einer Eidechse und dann zu einem Käfer. Doch endlich schafft er es und fliegt als Falke am Himmel. Nun ist er stark genug, um gegen Te Kā zu kämpfen.

Die beiden segeln weiter. In der Ferne sehen sie Te Fiti. Die Insel ist von Felsen umgeben. Plötzlich erscheint das Lavamonster in einer Wolke von Rauch und Feuer.

Maui verwandelt sich in einen Falken, aber
Te Kā schleudert ihn vom Himmel herab
ins Meer. Vaiana hilft Maui zurück aufs Boot.
Dann versucht sie, an dem Lavamonster
vorbeizusegeln. „Das schaffen wir nie",
sagt Maui. „Los, wenden!"

Aber Vaiana hört nicht auf Maui.
Da zerschmettert Te Kā das Boot.
In letzter Sekunde wirft sich Maui mit dem
Fischhaken vor Vaiana und rettet ihr Leben.

Die beiden entkommen, aber das Boot ist
beschädigt. Auch der Fischhaken hat Risse
bekommen. Wenn er zerbricht, wird seine Magie
für immer verloren sein. Trotzdem will Vaiana
nicht aufgeben.

„Wir werden einen anderen Weg finden",
sagt sie zu Maui.

„Ich habe gesagt, dass du umdrehen sollst.
Ohne meinen Haken bin ich gar nichts",
antwortet Maui.

„Der Ozean hat mich auserwählt", sagt Vaiana.

„Er hat sich geirrt", antwortet Maui und fliegt
davon.

Der leuchtende Rochen

Vaiana ist verzweifelt. Vielleicht hat Maui recht? „Du musst jemand anders auswählen, bitte!", fleht sie den Ozean an. Dann gibt sie das Herz von Te Fiti dem Meer zurück. Unter dem Boot erscheint ein leuchtender **Rochen**.

Kurz darauf sieht Vaiana den Geist ihrer Großmutter. Mit Talas Hilfe hört sie ihre eigene innere Stimme. Sie weiß, dass sie nicht aufgeben darf. Die Geister ihrer **Ahnen** sind bei ihr, unterstützen sie und zeigen ihr den Weg.

Jetzt ist Vaiana zu allem bereit. Sie taucht bis zum Meeresgrund und holt das Herz zurück.

Als Vaiana wieder auftaucht, ist Großmutter Tala verschwunden. Sie flickt das Boot und segelt weiter. Dabei murmelt sie vor sich hin:

„Ich bin Vaiana von Motunui. Mit meinem Boot werde ich über das Meer segeln und das Herz nach Te Fiti zurückbringen."

Die Mutter aller Inseln

Vaiana segelt geschickt durchs Meer. Kurz vor der Insel Te Fiti erhebt sich Te Kā vor ihr. Doch Maui kommt zurück und hilft ihr.

„Aber dein Fischhaken …", ruft Vaiana. „Noch ein Schlag und er zerbricht."

„Dazu muss mich Te Kā erst erwischen. Ich gebe dir Deckung, Auserwählte!", antwortet Maui.

„Rette die Welt!"

Vaiana erreicht die Insel. Doch dort, wo Te Fiti
früher war, ist nur noch ein riesiges Loch. Wo
soll sie das Herz jetzt hinbringen? Plötzlich weiß
sie, was sie tun muss: Sie hält das Herz hoch
über den Kopf. Der Ozean teilt sich. Vaiana geht
auf das Lavamonster zu.

„Du bestimmst, wer du bist", sagt sie und legt
das Herz auf Te Kās Brust.

Te Kā zerbricht.
Und Te Fiti erscheint.
Vaiana versteht nun:
Ohne ihr Herz wurde
die Mutter aller Inseln
zu einem Dämon.
Doch jetzt ist Te Kā
wieder zur Göttin
Te Fiti geworden.

Die Mutter aller Inseln wird grün und alles erblüht. Die Finsternis verschwindet. Maui entschuldigt sich bei Te Fiti und sie schenkt ihm einen neuen Haken. Schließlich ist es für Vaiana und Maui Zeit, sich zu verabschieden. „Komm mit mir. Mein Volk kann einen so tollen Seefahrer wie dich gut gebrauchen", sagt Vaiana.

„Es hat schon die beste Seefahrerin auf der Welt", antwortet Maui.

Vaiana segelt nach Hause. Alle empfangen sie und sind ihr dankbar. Auch auf Motunui grünt und blüht es wieder.

Tui ist sehr stolz auf seine Tochter. „Du bist eine wunderbare Seefahrerin", sagt er.

Vaiana steigt auf den höchsten Punkt der Insel. Dort legt sie eine Muschel auf die Steine ihrer Vorfahren.

Jetzt ist sie Chief von Motunui!

Immer wieder segelt Vaiana
mit ihrem Volk weit hinaus
aufs Meer!

Schon gewusst?

Halbgott Ein Mensch, der von Göttern übernatürliche Kräfte bekommen hat.

Fischhaken Ein großer Angelhaken, den Maui zum Kämpfen benutzt.

Falke Ein großer brauner Greifvogel.

Dämon Ein böser Geist.

Finsternis Wenn es ganz dunkel ist und man nichts mehr sehen kann. Ein anderes Wort für Dunkelheit.

Riff Ein Bereich im Meer, nahe dem Strand. Dort leben viele bunte Fische und es wachsen schöne Korallen auf dem Meeresboden.

Ozean Ein riesiges Meer.

Chief Der Anführer von Vaianas Volk.

Vorfahren Menschen aus der eigenen Familie, die lange vor einem gelebt haben. Zum Beispiel die Ururgroßmutter.

auserwählt	Jemand ganz Besonderes wurde ausgewählt, um die Aufgabe zu bewältigen.
Formwandler	Jemand, der seine Gestalt verändern kann.
überlisten	Jemanden austricksen.
Lavamonster	Ein großes Monster aus heißer Lava. Lava kommt aus einem Vulkan. Es ist geschmolzenes Gestein.
Rochen	Ein flacher Fisch mit spitzem Schwanz, der im Meer lebt. Mit seinen großen flachen Flossen sieht es aus, als würde er durch das Wasser fliegen.
Ahnen	Ein anderes Wort für Vorfahren.
Deckung geben	Wenn man jemand anders schützt oder auf ihn aufpasst, während die Person kämpft.